Dieses Adressbuch gehört:

EDITION
ADRESSARIUM

A

B

B

B

B

B

C

D

D

D

D

D

E

F

F

F

F

G

G

G

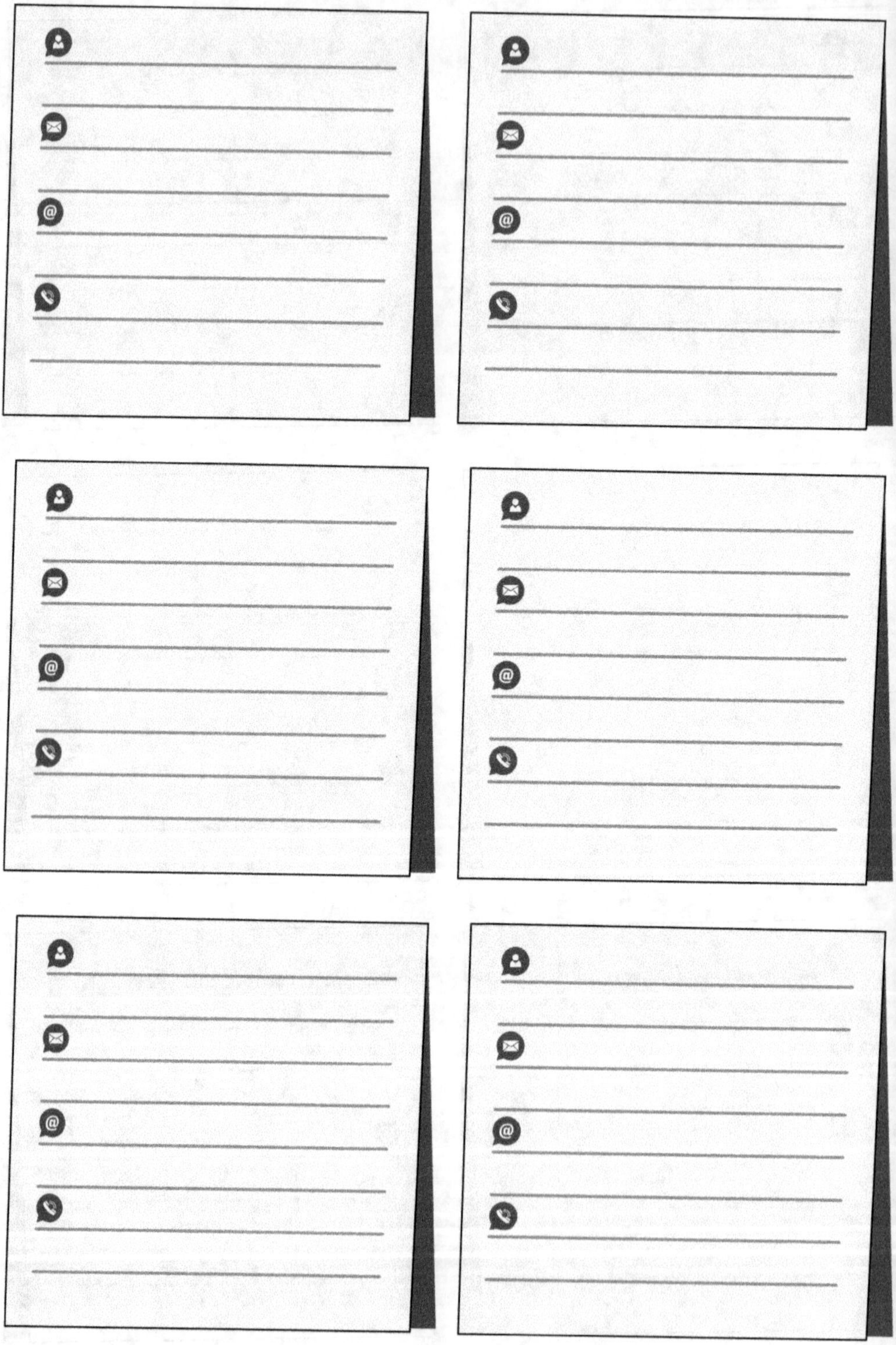

J

J

J

K

K

L

N

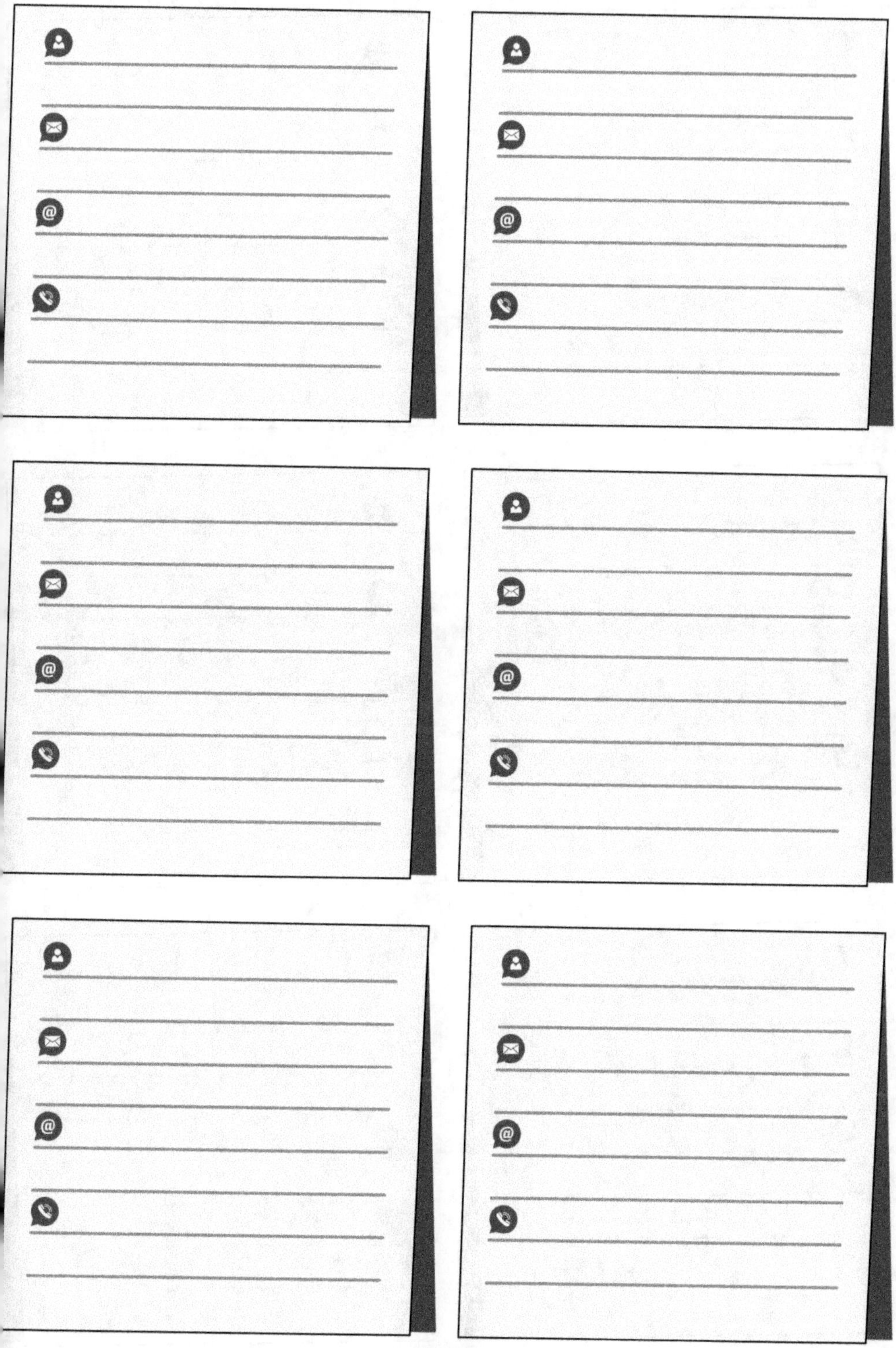

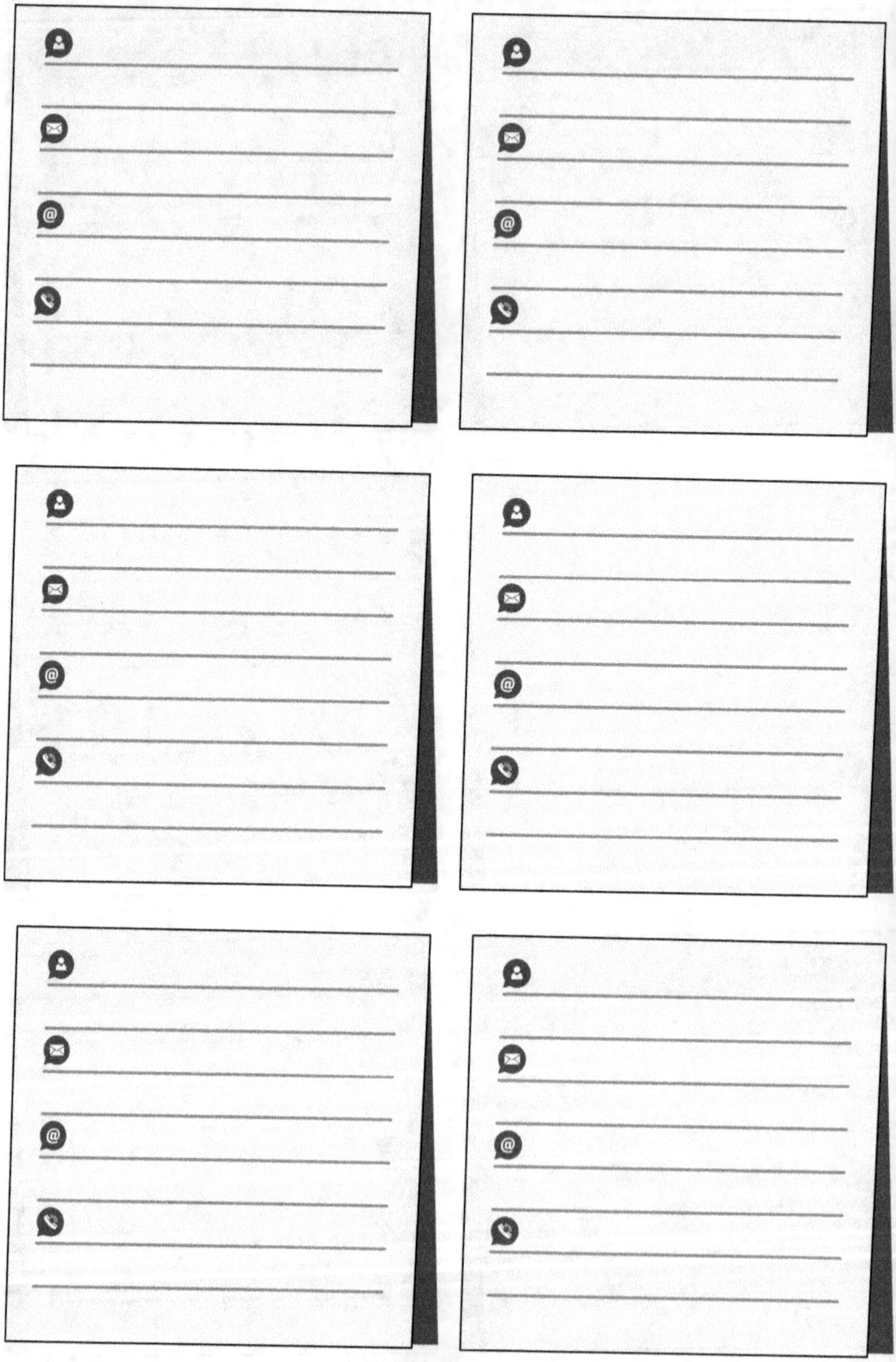

P

P

P

P

P

Q

R

R

S

S

S

S

S

T

V

V

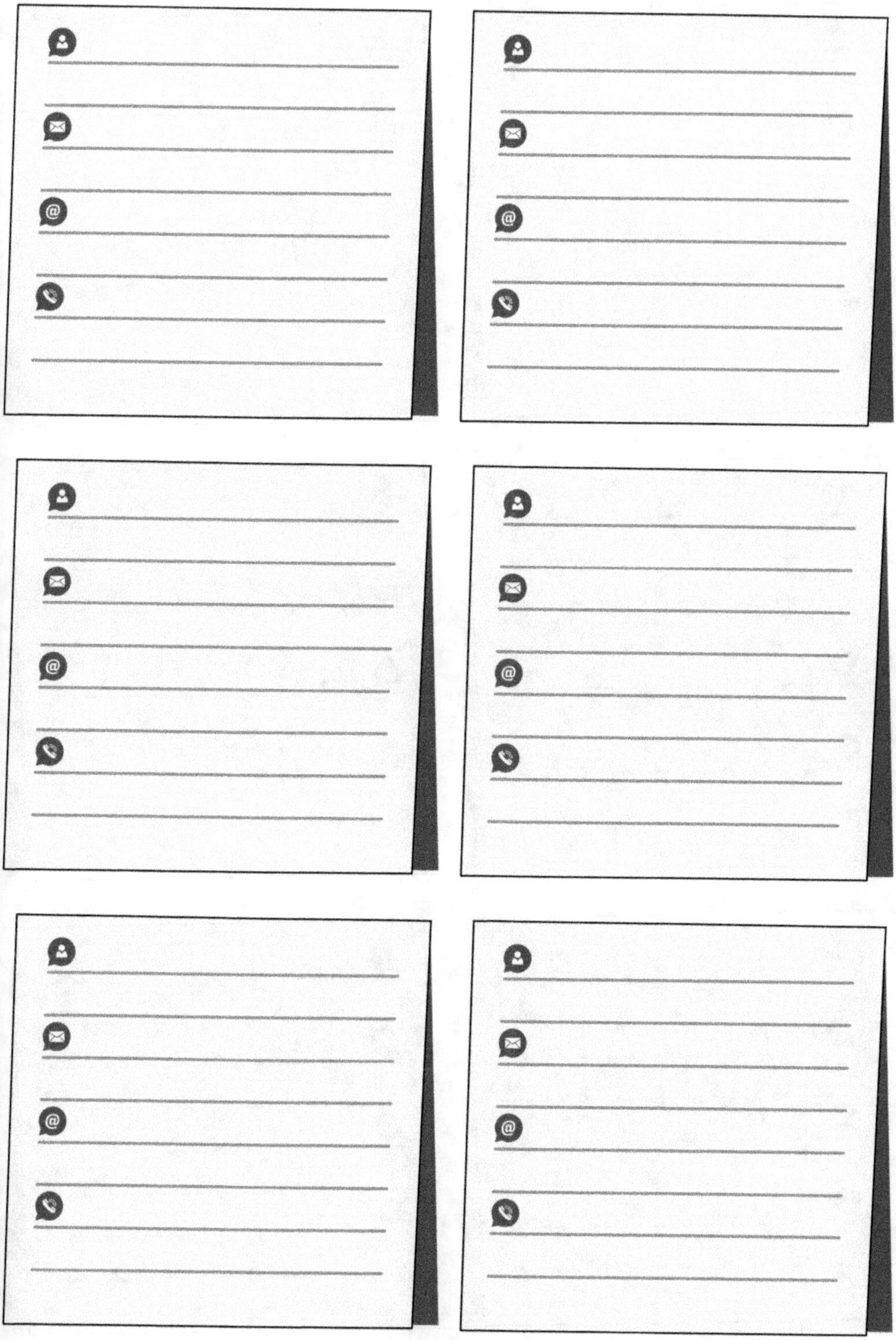

X

Y

Y

Y

Z

z

Z

Z

Impressum:

**Philipp Hesse
c/o Werneburg Internet Marketing und Publikations-Service
Philipp-Kühner-Straße 2
99817 Eisenach**

Copyright: Philipp Hesse

www.ingramcontent.com/pod-product-compliance
Lightning Source LLC
Chambersburg PA
CBHW070650220526
45466CB00001B/374